—

LES
RÉALITÉS DE LA DOCTRINE

ET

LA MORALE DE LA FABLE

OU

Preuves par notre propre histoire qu'il faut au pouvoir et au pays
des serviteurs et des amis fidèles et dévoués.

—

PETIT MANUEL DE L'ÉLECTEUR

PAR J.-CH. F.

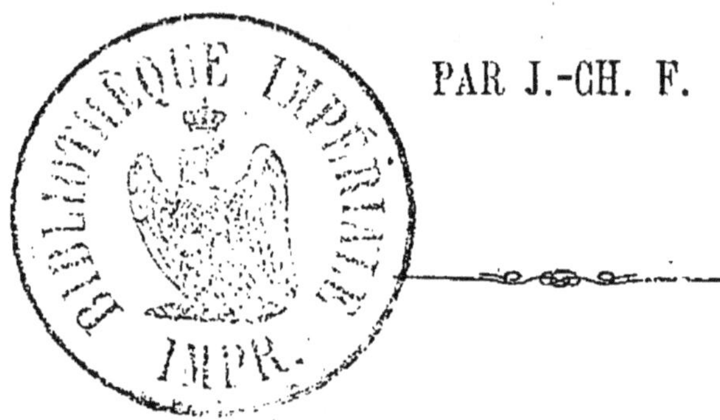

BESANÇON

EN VENTE CHEZ TOUS LES LIBRAIRES.

—

1869.

I

Autrefois, les rois régnaient et gouvernaient. C'est pour cela que Dieu lui-même les avait mis à la tête des nations. « *Per me reges regnant... per me principes imperant, et potentes decernunt justitiam.* » Sa parole est bien expresse : « C'est par moi, dit-il, que les rois règnent et gouvernent; c'est par moi qu'ils rendent la justice. »

Aujourd'hui, on veut bien que les rois règnent et probablement on veut bien qu'ils gouvernent encore. Mais il faut qu'ils règnent sur des peuples libres, et qui fassent, comme l'on dit, leurs propres affaires.

Un roi qui règne sur un peuple libre, très-bien; cela se comprend; cela doit être: oui, il faut au peuple toute la somme possible de la bonne, de la sage. de la véritable liberté; mais un roi qui règne sur un peuple libre, et qui fait ses propres affaires, avouez-le, ami lecteur, au premier abord, cela dépasse toute conception. Cela semble être tout à la fois le oui et le non sur la question fondamentale de toute société. Le oui et le non, dans certains cas, c'est peu de chose: ils se détruisent, et voilà tout. Ici, ils peuvent entraîner notre ruine.

Donc, *que la France fasse elle-même ses propres affaires !* Cette doctrine m'épouvante; ou plutôt, elle m'épouvanterait si, grâce au suffrage universel, notre sort n'était point entre nos mains. Elle m'épouvanterait d'autant plus, qu'elle est plus chaudement soutenue ; et qu'à peine née, elle est pratiquée avec un ensemble qui tient du mystère; et avec un ensemble de circonstances qui nous font percer le mystère. Et quel mystère!!!

Français, revenons de notre erreur si nous nous sommes séduits nous-mêmes. Non, cette doctrine ne nous mènerait pas à l'idéal que l'on poursuit. Non, elle ne saurait nous mener au couronnement de l'édifice social. Liberté, douce liberté, douce et sainte liberté, si vous le voulez : elle vous la promet. Elle promet tout. Douces espérances, que dis-je ! criminelles espérances, elle les suggère. La traîtresse qu'elle est! Elle sème la division, et de la pire manière; elle unit pour mieux diviser. Ah! ne nous laissons point prendre au mirage!

La vérité, c'est que, dût périr la France, des régents émérites veulent faire leurs propres affaires. La vérité c'est qu'on veut montrer à la France que son suffrage est une farce. C'est l'expression consacrée. Elle dit beaucoup, et elle me rappelle que le suffrage universel a été condamné en principe, et dès le principe; comme si cet adage devait toujours mentir: « *Vox populi, vox Dei*. La voix du peuple, c'est la voix de Dieu. »

Le suffrage universel, une farce! L'expression me semble aussi délicate que les moyens employés par plus d'un maëstro — candidat pour ravir nos suffrages. — Vous le voyez, le mirage tombe, et de la doctrine, il ne reste, pour première réalité, qu'une affreuse réalité. C'est le spectre hideux du règne de la terreur...

L'évidence n'a pas besoin de preuves; cependant quelques comparaisons. Les glaciers! Voyez-vous ces montagnes où règnent les neiges éternelles? C'est un des plus sublimes spectacles, un des spectacles les plus parlants de la nature; mais si, cédant à l'action du soleil, ou au souffle d'un vent brûlant, elles viennent à déposer leur blanc manteau, c'est le ravage et la mort, c'est le tombeau pour des contrées entières. De même que le souffle de la discorde et de l'ambition arrache à l'autorité ses prérogatives, et les peuples sont écrasés sous le poids de l'égoïsme. L'égoïsme ne vit point pour les peuples, il s'engraisse de leur propre substance.

L'étincelle ! il suffit de la plus petite étincelle pour allumer le plus vaste incendie ; j'en appelle à l'histoire, le souffle de la discorde peut mettre le feu aux quatre coins de l'univers. Or, vouloir faire ses affaires en dehors de l'autorité et contre l'autorité même, condamner en principe le suffrage universel, ou, ce qui est tout un, condamner un peuple qui s'est intimement identifié à l'autorité, n'est-ce pas ouvrir un libre champ aux discordes et aux passions subversives ? — Les points noirs ! Les points noirs à l'horizon sont devenus fameux. Or, vouloir faire ses affaires en dehors de l'autorité et contre l'autorité ; condamner en principe un peuple qui s'est identifié avec l'autorité, voilà, à n'en pas douter, les deux seuls points noirs véritablement menaçants ; eux seuls peuvent nous amener les foudres et les tempêtes.

Toutefois, notre chère patrie, ne crains rien. Tes enfants ne veulent point laisser tomber en des mains étrangères les glorieuses destinées que la Providence elle-même leur a confiées. Une brillante théorie a pu nous séduire ; mais, en passant par le creuset, nos suffrages se purifieront. Nos suffrages ! Le suffrage universel, oh! non, ne crains pas que nous brisions nous-mêmes ce levier puissant. Il n'y aurait bientôt plus pierre sur pierre de l'édifice construit avec tant de peine.

Mais revenons aux réalités de la doctrine, car, tout n'est pas dit...

Quatre-vingt-neuf; quatre-vingt-onze; quatre-vingt-treize!! Voilà des époques bien rapprochées. Dites-moi : notre quatre-vingt-onze n'est-il point sonné depuis longtemps; et l'orage est-il moins menaçant de nos jours... Assez, assez! Nous comprenons... Nous avons tout compris. Nos dissensions s'expliquent; il n'y a que trop longtemps qu'elles durent; et il n'est que temps qu'elles finissent! Oui, quatre-vingt-neuf, quatre-vingt-onze, quatre-vingt-treize sont des époques bien rapprochées! Et il n'est que trop vrai que notre quatre-vingt-onze est sonné, et que l'orage n'est pas moins menaçant de nos jours, qu'il ne l'était à la veille de la trop tristement fameuse révolution..... Horreur..... Patrie... Le spectre qui s'avance !!!

Rassurez-vous vous-mêmes, amis lecteurs, rassurez-vous, chers électeurs. L'armée a vu nos dissensions. L'armée veillait; l'armée veille ; et le glaive exterminateur ne s'abattra pas sur la France. Nos braves soldats, ces enfants de la patrie, ne permettront pas qu'au nom des principes, ou qu'au nom d'une doctrine, on vienne *jusque dans vos bras égorger vos fils (vos filles) et vos compagnes.* Dieu protége la France. Le prince suivant son cœur, l'autorité, la religion, vos familles sont sous bonne garde.

Mais oui, vous l'avez dit : n'était le suffrage universel, car il existe dans la division même, et, quoi qu'on en dise, il n'est pas mort ! s'il n'existait pas, nous n'aurions pas l'Elu de la nation ; l'expérience ne nous en sauverait pas : nous aurions inévitablement notre second quatre-vingt-treize. *Pauvre France !* étant ce que tu es, je le suppose, que tu tomberais de haut ! Quelle chute! Dieu sait si tu t'en relèverais jamais !

Qu'on nous dise maintenant que le suffrage universel est une farce; — qu'on vienne encore le condamner en principe! O Dieu, j'oserais presque dire, voudrait-on vous faire mentir à tout prix ; et à tout prix veut-on que l'étranger vienne en ami faire nos propres affaires? Les traîtres ne sont plus de notre époque... mais, disons-le sans voile: la réalité de la doctrine , c'est la trahison, c'est la coalition.

La terreur et la coalition !

Il était en notre pouvoir de conjurer ces deux fléaux. Parlons plus clairement. La *terreur* et la *coalition !..* Il était en notre pouvoir de conjurer le premier fléau ; par le fait, il était en notre pouvoir de ne point nous laisser attirer l'autre, et je croyais que nous pouvions rassurer la patrie, nous croyions que nous pouvions nous rassurer nous-mêmes. Mais ici le tableau s'assombrit ; le tableau change ; et nous allons d'horreur en horreur. Car, grand Dieu ! où en sommes-nous ?

Entre Carybde et Scylla, des mains téméraires disputent le gouvernail aux mains habiles qui nous conduisent ! Il ne nous reste donc plus qu'à nous briser contre les écueils, ou à donner tête baissée dans les abîmes ! Et sans nous plaindre, amis électeurs ; sans nous plaindre que de nous-mêmes. Car, dit-on, la doctrine a passé au nom du suffrage universel. Si la doctrine a passé ; non, il ne nous reste plus qu'à mourir pour la patrie. Que dis-je ? Mourir pour la patrie : *c'est le sort le plus beau, le plus digne d'envie.* Si la doctrine a passé, il ne nous reste plus qu'à mourir avec la patrie, qui est condamnée à succomber au nom du suffrage universel.....

La doctrine a passé !!!

Irréconciliables docteurs, régents émérites, si la doctrine a passé, vos jours de gloire sont arrivés ; que tardez-vous ? Frappez ! ceux qui font les affaires de la France sont désarmés. Ils vous ont mis le glaive en main ; et ce n'est pas en vain que les élus du suffrage portent le glaive... Frappez au nom du suffrage universel ! et les armes merveilleuses tomberont des mains de nos braves. La terreur et la coalition aidant, votre proie ne saurait vous échapper. Frappez !... la victoire est glorieuse ; *il y a riche butin ;* elle est facile ; frappez !... la victoire est facile ; la victime est sans défense... Mais ce n'est pas encore assez d'horreur... Si la doctrine a passé , elle a la force de loi, et, au nom de la loi, chers électeurs, la patrie doit tomber sous *nos coups*.

La patrie ! ah ! la patrie, autrefois c'était l'enfant au berceau, l'aimable innocence ; c'était la jeune fille faible et timide ; c'était l'épouse fidèle ; c'était la jeunesse généreuse ; c'était le père, la mère, le vieillard entouré des respects, des soins et de l'amour des enfants ; la patrie en un mot, après Dieu, c'était tout, c'était la grande famille ; et à ce nom tous les cœurs palpitaient, et tout l'être tressaillait.

Aujourd'hui, il faut étouffer tous ces sentiments. Ils étaient bons pour d'autres temps. Le suffrage universel a décrété qu'ils étaient contre nature..... Donc, le fer à la main, attendez le signal ! Mais sachez qu'il s'agit d'une guerre d'extermination. Il n'y a plus ni sacré, ni profane ; égorgez sans pitié et l'enfant au berceau, et la fille faible et timide ! égorgez surtout cette jeunesse généreuse ; car, c'est elle surtout qui peut et qui veut faire les affaires de la France.

Elle veut les faire, et de par la loi, elle doit les

faire aussi bien que vous. Elle veut, et elle doit les faire pour elle et les siens si non pour elle seule, et contre vous.

Mais ces pères, ces mères, ces vieillards, les laisserez-vous pleurer sur leurs enfants, qui ne sont plus? Cruauté ou pitié, la loi ne le permet pas. Les affaires de la France doivent se faire avant tout. La loi le veut ainsi... Le suffrage vniversel, c'est la loi du plus fort, c'est la loi de la complète extermination...

Fais tes affaires, pauvre France !

Et quand tes affaires seront faites, la doctrine toute seule fera le reste.

Une imagination!... Un rêve!...

Il me semble voir un monstre à nul pareil. Que fait-il donc sur cette poussière? Et qu'est-ce cette poussière? Cette poussière? C'est la cendre des morts, c'est la cendre des enfants de la patrie..... Et que fait ce monstre ? Voyez!... Avez-vous vu ce saut tout à la fois lourd, pénible et satisfait ? Il s'est abattu sur une proie. Cette proie, vous ne la voyez pas : c'est un germe de vie qu'il trouve encore dans ce je ne sais quoi qui n'a point de nom dans aucune langue. Le monstre va périr, mais il triomphe; la France ne renaîtra point de ses cendres !

Une imagination... Un rêve... C'est un tombeau ! il a la forme d'un autel. Qu'importe la forme ?..... Mais c'est sa forme. — Il a la forme d'un autel long-carré. La forme d'un autel long-carré ! simplicité que tout cela, direz-vous. Oui, c'est la simplicité du rêve…. Simplicité?.. Oui, le monument est sublime de simplicité… Toutefois, hauteur plus *qu'ordinaire*; largeur ou profondeur item, longueur de même. Du reste, approchez et lisez ; et vous ne serez pas surpris du grandiose des proportions.

Ici reposent les cendres de la France, la grande nation, qui fit honorablement (*qui fit bravement* ses affaires) ; et qui, en faisant *bravement* ses affaires, succomba glorieusement au nom du suffrage universel !!

Que ces cendres reposent en paix !!

Imagination, rêve, cauchemar… Ce monstrueux idéal, c'est la réalité de la doctrine ; et la doctrine passée, ce monstrueux idéal serait la réelle conséquence de la loi, s'il se pouvait une terre qui dévore ses habitants ; je veux dire s'il se pouvait qu'une nation pût périr de ses propres mains.

Chers électeurs, ce que nous avons dit de la fameuse doctrine, il faut le dire de tous ces systèmes qui n'en diffèrent que comme les corollaires, où les conséquences se distinguent de leur principe.

Ces systèmes sont premièrement le système de décentralisation.

Il faut pousser à la décentralisation ; comme qui dirait : il faut que les sujets se soustraient autant qu'il est en eux au joug et aux influences de l'autorité.

Est-il donc si pesant le joug de l'autorité? N'est-ce point une partie seulement du joug de Dieu même? Et il nous déclare que son joug est doux, et que son fardeau est léger... *Il faut se soustraire autant que possible au joug et aux influences de l'autorité !* mais, qui ne sent que c'est de l'autorité que coulent, comme de leur source, ces fleuves de vie, qui vont animer tous les membres du corps social? Pardon pour l'expression! L'homme peut-il vivre s'il n'a plus la tête sur les épaules? De même, une nation peut-elle subsister, si l'autorité n'est point à la tête, si l'autorité n'est point, pour ainsi dire, la tête même de la nation ?

Ce fut cette vérité, présentée sous forme d'apologue, qui sauva Rome, alors que Rome s'était séparée de ceux qui étaient à la tête des affaires.

La leçon est de tous les temps ; elle s'adresse à tous les peuples : et, il faudrait désespérer d'une nation qui s'obstinerait à ne point l'entendre, surtout au moment du danger. Et cependant, le système de la décentralisation, c'est le système à l'ordre du jour.

Comme la fameuse doctrine, il est chaudement soutenu. Que dis-je ? A voir comme il est pratiqué, il semblerait que le système dût passer bientôt à l'état de dogme social...

Mais, chers électeurs, bien qu'on dise que la doctrine est passée, comme la doctrine d'où il découle, le système de décentralisation ne passera pas. Nous sommes là ; non ! nous ne le laisserons pas passer ! Et à ce propos, pour vous édifier, et vous rassurer tout à la fois, laissez-moi vous lire le communiqué suivant, que vous pouvez lire vous-même dans le *Journal officiel* du soir, du 23 août 1869.

Journal officiel du soir (23 août 1869).

« Le journal de *Paris,* le journal des *Débats,* le *Français,* la *Liberté,* l'*Union,* la *Gazette de France* affirment que quatre-vingt-neuf conseils d'arrondissement ont, dans leur dernière session, et malgré l'opposition des préfets et sous-préfets, émis des vœux tendant à l'abrogation de l'article 75 de la Constitution de l'an VIII et à la nomination des maires et adjoints par les conseils municipaux. »

Le communiqué ajoute :

« Les journaux dont il s'agit sont mal informés. — Aucun des trois cent soixante-dix conseils d'arrondissement n'a demandé l'abrogation de l'art. 75 de la Constitution, et un seul a émis le vœu que la nomination des maires fût laissée aux conseils municipaux. » Remarquez bien : un seul ! Et les conseils municipaux sont issus du suffrage ; un seul conseil municipal pour le système de la décentralisation, un seul sur trois cent soixante-dix. Cela est tout à la fois bien édifiant, bien instructif et bien rassurant!...

Non, non! le système ne passera pas.

Second corollaire : « *Plus de candidatures officielles.* »

Ce serait une ingérence du gouvernement dans nos affaires. Et cependant, qui dit gouvernement, dit initiative, direction, et partant influence directe et immédiate dans les affaires publiques. De fait, le gouvernement n'est-il pas à la nation, ce que l'âme est au corps ? L'âme séparée du corps, c'est la mort.... Si le gouvernement n'a plus d'influence, s'il n'a plus l'initiative et la direction des affaires, c'en est fait de la nation ; les sources de la vie sont taries en elle.

Eh ! bien, soit ! Oui, s'il le faut périsse la France ! mais plus de candidatures officielles. Le gouvernement n'a pas le droit d'éclairer l'opinion, quand bien même on viendrait à l'égarer. Il ne peut plus, je ne dis pas imposer : imposer des candidats! Cela ne s'est jamais vu de la part de l'autorité; et cela ne se verra jamais ; j'entends sous le régime du suffrage universel.

On allègue, il est vrai, et on cite des exemples de violence physique ou morale. Ah ! dans tous ces cas peut-être , si nous avions le premier et le dernier mot de l'énigme , nous appellerions ordre et justice , ce que l'on appelle violence physique ou morale.

Mais admettons ces exemples de violence ! Seulement, d'où viennen -ils ? Ils viennent d'en bas, n'est-ce pas ? C'est un garde-champêtre qui aura pris ses électeurs au collet ; quelque chose dans ce genre-là, en plus ou en moins... Affaire de cœur ; beau zèle, excès de zèle, maladresse. C'est cela ; infligez la plus cruelle ou la plus plaisante qualification que vous voudrez ! La prison au besoin viendra à votre aide. Là où il y a abus, condamnez l'abus ; mais maintenez la mesure ! L'abus ne prouve rien contre elle : s'il prouvait quelque chose, il prouverait en sa faveur ; d'autant que l'autorité et l'opinion, le simple bon sens, condamnent ceux qui par violence aviliraient et compromettraient la plus noble des causes que par double devoir, peut-être, ils devraient servir, soutenir et défendre.

Mais, dit-on, ces exemples viennent d'en haut. Appelons alors les choses par leur nom, ou plutôt rendons justice à qui de droit ! — Est-ce violence de la part de l'autorité de se voir obligée de souscrire à la séparation avec ceux qui brisent avec l'autorité, par leurs attaques et leurs violences ? Et, dans certains cas, quelles attaques et quelles violences !

Chers électeurs, le suffrage universel revient bien vite de ses aberrations ; et le pays est un bon juge. Le pays jugera, comme l'on dit. Oui, il jugera, et il dira : par ses candidatures officielles, le pouvoir n'a fait qu'user de son droit. Il y a plus : il n'aurait pu les abandonner sans faillir au devoir, sans faillir à sa mission. Et il ajoutera : Les influences du gouvernement étaient directives ; elles étaient un titre à notre confiance ; mais elles ont laissé au suffrage toute sa liberté d'action. Si dans des cas particuliers, on veut mettre l'autorité en contravention, le pays ne consentira jamais à ce que l'autorité reste désarmée devant l'attaque et la contravention.

Mais, que le pays pense ce qu'il voudra ; qu'il y consente, ou qu'il n'y consente pas, la doctrine a passé (on compte sans nous) et la doctrine ne veut plus de candidatures officielles ; nous l'avons dit : le gouvernement n'a plus le droit d'éclairer l'opinion publique, quand bien même on chercherait à l'égarer et à la surprendre. Il ne peut plus proposer à nos suffrages des hommes qui ont mérité toute sa confiance, et qui méritent toute la confiance du pays, dussent ces hommes sauver la France au moment du péril !

Plus de candidatures officielles ! Sous tout autre régime, un pareil système, une pareille proposition eût été et serait un cri de sédition, et un crime de lèse-nation. De nos temps, nous l'avons dit, c'est le système à l'ordre du jour... Mystères... Mystères sans voile... Abîmes !...

Plus de candidatures officielles ! ! ! Ce n'est pas assez. — Dernier corollaire : *Plus de gouvernement personnel !...*

Quel nom donnerons-nous à cet absolutisme ? Dirons-nous qu'il est ineffable de plaisanterie ? Dirons-nous qu'il est bassement injurieux ? Nous ne dirons rien du tout... Ici l'esprit ne vivifiant point, nous nous en tiendrons forcément à la lettre qui tue. Or, *plus de gouvernement personnel :* vous m'avez prévenu, chers lecteurs ; en toutes lettres, cela veut dire : *plus rien de ce que le suffrage universel nous a donné jusqu'ici.* C'est hardi, comme vous le voyez; oui, c'est hardi, mais c'est logique.

Il faut que la France fasse ses propres affaires... Il faut pour cela le gouvernement de tous par tous. Donc, plus de gouvernement personnel... Rien de plus rigoureux... L'autorité, le suffrage universel, tout doit s'incliner, plier et tomber ; non, rien ne saurait résister à la force d'une telle logique !

Le gouvernement de tous par tous, ou : que la France fasse elle-même ses propres affaires ! ! ! L'instruction y gagnera; nous y gagnerons nous-mêmes ; nous y gagnerons tous, et beaucoup; car, de l'école des rois, il ne peut sortir que des rois. De notre école du moins, il ne sortira que des rois, et des rois armés de pied en cap. Nous le savons, la doctrine le veut ainsi. Elle veut surtout que l'on soit habile à manier les armes ; et il faut que les glaives soient et bien trempés et bien aiguisés...

II

La morale de la doctrine, on peut dire la morale de la fable (car la doctrine est une fable, et une monstrueuse fable), la morale de la doctrine, c'est que nous devons serrer nos rangs et sauver la France, en sauvant le suffrage universel.

Grâce à lui, grâce à vous, chers électeurs, et par vous, grâce à l'Élu de la nation, grâce à ces serviteurs fidèles et dévoués que nous avons donnés à l'homme de notre cœur, enfin, et avant tout, grâce à Dieu, quoi qu'on en dise, la France a bien su faire ses affaires ..

La France a bien su faire ses affaires. Je me sers

de l'expression consacrée. Ici l'expression se comprend. Elle flétrit la doctrine ; elle la condamne par cela même et par cela seul qu'ici l'expression est un hommage rendu à tout ce qui a été fait pour l'honneur, la paix, la sécurité et la prospérité de la France.

Un jour l'histoire parlera de nos guerres, et de toutes, jusqu'à la glorieuse et tout à la fois trop malheureuse guerre du Mexique, elle dira : ces guerres étaient justes ; elles étaient commandées ou par le droit des gens, c'est-à-dire par l'honneur et la justice, ou par des intérêts européens.

L'Autriche elle-même, par la voix auguste de son chef, n'a-t-elle pas, et depuis longtemps déjà, rendu témoignage à la justice de nos armes, dans sa malheureuse guerre d'Italie ? N'a-t-elle point du moins regretté hautement de n'avoir pas acquiescé à l'intervention pacifique, honorable et souverainement avantageuse qui lui était offerte ? Ce témoignage direct ou indirect est bien éloquent, et il n'est point suspect.

Avant la guerre, l'Autriche avait un pied sur l'Italie. C'était une position contre nature, et un rien pouvait faire perdre le grand équilibre ; un rien pouvait amener des conséquences terribles, surtout pour la France.

Nous avons fait la guerre, et nous avons bien fait, quoi qu'en dise M. Thiers d'aujourd'hui. Nous

avons si bien fait, que nous avons pour nous le témoignage de M. Thiers, l'ancien et illustre mi-
nistre. On connaît ses vœux éloquents et légitimes
en faveur de la délivrance de l'Italie. Ces vœux sont
accomplis. Non, il ne se peut que la délivrance ne
soit à la gloire et à l'avantage de la France.

A propos de la guerre d'Italie, l'histoire n'aura
garde d'oublier la question romaine. Elle ne dira
pas, comme on l'a dit fort spirituellement et plus
naïvement encore : quatre hommes et un caporal
auraient suffi pour empêcher la spoliation des Etats
du Saint-Père ; mais elle dira : non point faiblesse,
mais prudence et sagesse ; la France n'a rien pu
contre la spoliation, et elle prouvera le comment et
le pourquoi.

Quant à la question elle-même, l'histoire dira :
la France a traité la question d'après les principes
de l'éternelle justice. Si elle l'eût traitée d'après
la doctrine ultramontaine... (*Infelix ego!* impru-
dent !) Heureusement les ultra sont moins nombreux qu'on ne pense, mais qu'ils sont écrasants
par leurs corollaires ! Ces Messieurs n'ont qu'un
principe, mais des corollaires ou conséquences,
c'est toute une armée rangée en bataille. Rien ne
saurait y échapper, pas même un *lapsus*. Ne vous
en étonnez pas ! N'est-il pas écrit : « *Iota unum
aut unus apex non præteribit a lege ;* la loi ne doit
pas être altérée d'un iota ou d'un *apex?* » Il faut

craindre l'homme d'un seul livre ; à bon entendeur demi-mot ; ah ! combien il faut craindre davantage ces hommes à un seul principe !

Toutefois, ne pourrait-on pas un jour prendre l'esprit de leur doctrine , en montrer les réalités et faire ressortir la morale de la fable ?

Ah ! les réalités de la doctrine ne seraient pas belles ! Elles feraient mentir Dieu lui-même : « *Regnum meum non est de hoc mundo ;* mon royaume n'est pas de ce monde. » N'allez pas croire que je sois contre le pouvoir temporel..... Je suis pour le pouvoir temporel , et de toute mon âme ; mais, à votre tour, point de subtilité ! Vouloir que le pape prononce en maître en matière autre qu'en matière *purement* religieuse, ce n'est rien moins que la négation de l'infaillibilité du pape. Ce serait dans tous les cas, lui faire jouer un bien triste rôle. Quel scandale souvent et quelles terribles responsabilités toujours ! Les exemples qu'on pourrait tirer de l'histoire ne sont pas à la question ; c'est évident. Voilà pour les réalités de la doctrine !

Et la morale de la fable, quelle serait-elle ? La morale ? Ce serait l'infaillibilité du pape, indéfinissable peut-être, et *pour cause ;* mais ce serait l'infaillibilité réelle, telle que l'ont crue et telle que nous l'ont enseignée nos pères. — Franchement, et sans injure, je crois qu'un Bossuet, gallican, et que nos évêques, gallicans à la Bossuet, croient plus, et *surtout mieux* à l'infaillibilité du pape que nos rares ultra. Cependant, c'est en vain qu'on voudrait mettre l'illustre défenseur des principes en contradiction avec lui-même. Sur certains points, il peut y avoir à redire peut-être, qui le nie? Mais, quant au fond, non, non! il n'y a point de contradiction dans Bossuet sur la grave question qui nous occupe. « *Regnum meum non est de hoc mundo ;* mon royaume n'est pas de ce monde. » Par son gallicanisme, disons par les principes, il répudie une doctrine de toutes assurément la plus monstrueuse. Pour preuve, allons droit à la dernière réalité de cette doctrine. Une imagination... Un rêve... Un cauchemar... Ce n'est pas seulement la cendre des morts, ce n'est plus seulement le grand tombeau! Grand Dieu, qu'est-ce donc? Nous l'avons dit: c'est Dieu lui-même qui ment!

Donc, par son gallicanisme, qu'il y ait, ou qu'il n'y ait pas à y reprendre ; qu'il y ait, ou qu'il n'y ait pas à lui concéder encore, par son gallicanisme Bossuet flétrit la doctrine des ultra, mais il retient la morale : « *Tu es Petrus, et super hanc petram œdificabo Ecclesiam meam, et portœ inferi non prœvalebunt adversus eam ;* tu es Pierre, et sur cette pierre je bâtirai mon Eglise, et les portes de l'enfer ne prévaudront point contre elle. »

Mais je vais plus loin : Bossuet eût-il attaqué de front ce texte et tant d'autres qui établissent si

clairement la prééminence, voire même l'infaillibilité du pape, « *Et tu* aliquando *conversus, confirma
fratres tuos... aliquando :* Pierre, quand en matière
de foi tes frères auront fait naufrage ou seront
menacés du naufrage, relève tes frères, soutiens
tes frères, ravive en eux la foi ; » Bossuet, dis-je,
eût-il attaqué ces textes de front, il se fût brisé
contre la pierre de l'Eglise, il aurait manqué au
plus haut chef, en méconnaissant le principe qui
est pour nous et qui aurait dû être pour lui le plus
grand des principes ; mais, *regnum meum non est de
hoc mundo,* le gallicanisme n'en subsisterait pas
moins dans toute sa force ; il ne serait point battu
en brèche pour cela.

On dit que les extrêmes se touchent ; cela étant,
que la France fasse ses affaires ! Le pape est infaillible en tout et pour tout, infaillible envers tous et
contre tous, infaillible en politique comme dans la
foi, par ce beau prétexte que la religion touche à
tout ! Voilà deux doctrines qui se tendent la main,
et elles peuvent se donner le baiser de la conciliation ; l'une et l'autre unissent, mais pour mieux diviser ; toutes deux sont à la fois filles et mères de
la discorde.

Mais, ni l'une ni l'autre de ces deux doctrines ne
sauraient s'emplanter en France. La première, nous
la répudions en qualité de Français ; la seconde,
nous la flétrissons comme gallicans. Oui, cette der-

nière doctrine, tous nous la répudions, et nous surtout qui faisons notre gloire d'appartenir à la sainte Eglise catholique, apostolique et romaine ; et en la répudiant en hommes de bonne volonté, nous sommes sûrs de ne point faire naufrage dans la foi : il y a plus, nous sommes sûrs de travailler autant qu'il est en nous au maintien du pouvoir temporel des papes.

Revenons à notre histoire ; je puis le promettre, il n'y aura plus de *lapsus* : notre sujet a maintenant toutes ses parties essentiellement intégrantes. Nous en étions à la question romaine. Cette question, avons-nous dit, la France l'a traitée d'après les principes de l'éternelle justice, c'est-à-dire en toute prudence et en toute sagesse.

Si elle l'eût traitée en toute rigueur, en voulant tout sauver, peut-être aurait-elle tout perdu.

La question romaine était tout à la fois une question de conciliation et de protection. La France n'a point failli à sa mission.

L'histoire redira aussi la solution de la fameuse question, ayons bon espoir. Un concile, c'est l'affirmation de la vérité. Voilà ce que c'est qu'un concile en général. Quant à l'espèce, un concile de nos jours ce n'est point l'affirmation d'une doctrine ou d'un principe en particulier ; ce n'est point et ce ne peut point être la confusion et l'absorption des principes par les principes. Voilà précisément ce qui fait le malheur de nos temps ! Un concile, de nos jours, c'est l'affirmation nette et distincte, c'est le rappel à l'ordre du jour au moins des grands chefs des principes de l'éternelle justice et des devoirs qu'ils nous imposent. Partant, le futur concile, saluons-le, et attendons-le avec bonheur ! car, il est de bon augure : c'est l'annonce de la conciliation, c'est la perspective d'une paix et d'une harmonie universelle.

Oui, espérons-le, la question insoluble marche à sa solution ; et, quoi qu'il en soit, elle fournira de belles pages à l'honneur de la France.

La guerre de Crimée !

L'histoire redira à la postérité que par elle la France s'est relevée de ses humiliations ; que par elle, elle a effacé une tache que d'iniques traités semblaient avoir rendue ineffaçable.

Les victoires du grand homme étaient un crime impardonnable. Pour avoir sauvé la patrie de l'anarchie et de la coalition, il devait s'éteindre dans l'exil, et jamais un de ses descendants ne pourrait remonter sur le trône ; comme si l'on avait craint jusqu'à l'ombre du génie tutélaire de la France.

On a dit de *Lui*, que son ambition l'avait perdu : ce n'est point là de l'histoire. Acclamé par le suffrage universel, son ambition, c'était l'honneur, la paix, la sécurité et la prospérité de la France. Mais la terreur nous avait amené tant d'amis et tant d'ennemis sur les bras ! Encore une fois, on ne pouvait pardonner tant de gloire et tant de victoires. C'était la trahison (voilà qui est historique), c'était la trahison et la coalition qui devaient donner à la France et la paix et la sécurité et la grandeur.

Je ne blâme point le gouvernement de la restauration. A Dieu ne plaise! Tout gouvernement, comme gouvernement, est digne de nos respects; c'est là un principe. Si un gouvernement se trompe en se dévouant au bien public, ce sont d'heureuses fautes, en tant qu'elles peuvent être noblement et avantageusement réparées. Mais, n'eussions-nous que des louanges à donner à la restauration, en subissant la loi de l'étranger, la France avait subi la plus humiliante des humiliations. Le *suffrage universel* suivait le noble et pauvre exilé, le suffrage universel succombait sous le triple poids de l'amitié, des armes et des traités; et il succombait pour ne plus se relever; car de par les traités *jamais* un Napoléon ne devait présider aux destinées de la France...

Encore une fois, par la guerre de Crimée, la France s'est relevée de ses humiliations; par elle, elle a effacé une tache que la sainte alliance avait déclarée ineffaçable. Voilà ce que dit et dira l'histoire; et elle ajoutera: La victoire, la gloire est sans tache; car cette guerre n'a pas été une affaire de vengeance et de représaille; elle a eu pour cause, la grande cause de l'équilibre européen.

Il ne faut point oublier la *grave question* des indemnités !...

Dans toutes ses guerres, dit-on, la France en a été pour ses frais. Si cela est vrai de toutes, ou de quelques-unes, qu'en dira l'histoire ?

L'histoire en dira que le vainqueur, en cédant de ses droits, s'est montré bon, généreux et magnanime ; et que par la modération dans la victoire, il a ajouté un nouvel éclat à la gloire de nos armes. Elle dira que par cette générosité et cette magnanimité, il a fait aimer la France, plus encore qu'il n'a su la faire craindre et respecter. Elle dira enfin qu'en gagnant l'estime et la confiance, qu'en gagnant les cœurs, il a su obtenir une paix solide et durable et confirmer cette devise de la France : « *L'empire c'est la paix.* » La noble devise ! En proclamant et en rappelant la parenté des peuples et des nations, elle affirme et consacre les droits et les devoirs qui naissent de cette parenté.

Oui, l'empire *c'est la paix*. Cette devise est équivalente à ce *dire* plein de raison et de vérité : Les peuples et les nations sont des frères et des sœurs ; et il n'y a d'ennemis que ceux qui méconnaîtraient les droits et les devoirs de l'humanité.

De là cette intervention en Syrie, qui met fin à un ignoble massacre, en mettant sous la haute protection de la France un peuple voué à l'extermination ; de là ces appels en congrès et ces appels aux armes de toutes les nations, en faveur de la trop malheureuse Pologne, dont la France *seule* ne pouvait épouser la cause que par ses vœux et par ses regrets. Si *seule* elle fût intervenue par les armes, l'Europe tout entière était en conflagration.

Pauvre Pologne! pauvre sœur déchue! si dans tes jours prospères, tu n'eusses point voulu faire tes propres affaires. Il n'y a plus de corps, il n'y a plus de vie, là où il n'y a plus de chef. De même, il n'y a plus de peuple, je veux dire le peuple travaille à sa décadence, quand il méconnaît les droits de l'autorité et foule aux pieds les lois imposées à la conscience des sujets. (Nous sommes toujours dans les principes.)

Pauvre Pologne! pauvre sœur déchue! la France a pris une large part à tes malheurs. Oui, elle épouse tes vœux, tes douleurs et tes espérances. Mais, c'est dit, et tu le comprends, *seule*, elle ne pouvait prendre les armes : car, tous les peuples sont frères ; elle ne pouvait soulever les nations contre les nations, et prendre sur elle la responsabilité et les terribles conséquences d'une guerre universelle. L'équilibre européen eût été brisé, du moins il pouvait l'être ; cet équilibre, le suffrage universel combat pour le maintenir ; pour le briser, ou pour le compromettre, jamais.

Parlerai-je des récents et trop malheureux événements de l'Orient, qui ont failli mettre toute l'Europe en feu ? — Là, comme dans ses expéditions, et ses interventions les plus lointaines , là , comme partout, la France est toujours la nation à bon conseil et à bon appui. Aussi, la France est-elle une sœur respectée , bénie et chérie entre toutes par la grande famille des peuples.

Voilà l'histoire de nos guerres et de nos rapports de nation à nation : elle défie la critique la plus sévère et la plus maligne...

Honneur, louange, reconnaissance à ces amis et à ces serviteurs dévoués que nous avons donnés au Prince juste, bon, magnanime, que Dieu nous a donné lui-même dans sa haute Providence ! Oh ! qu'ils ont bien mérité de Dieu et des hommes, qu'ils ont bien mérité de la patrie !

Passons à nos affaires intérieures, à nos affaires proprement dites.

Que la France est grande et florissante par ses institutions ; et quelles espérances n'a-t-elle pas à concevoir pour l'avenir ! Je la vois par son commerce et son industrie sortir en quelque sorte d'elle-même, et s'enrichir des richesses du monde entier. Outre qu'il est un lien de fraternité, notre traité de commerce, le libre échange est de sa nature une mesure qui répond aux intérêts universels, et qui assure la prospérité des nations.

Je ne veux point ici rechercher les causes des souffrances qui pèsent sur telle ou telle industrie.

On a dit, avec raison peut-être, que la France n'é-
tait pas à la hauteur du progrès. Faut-il pour cette
raison sacrifier l'intérêt général? On a dit qu'autrefois certaines industries, ayant à lutter et contre
l'ingratitude des lieux et contre des difficultés mul-
tiples, faisaient de colossales affaires dans un temps
relativement mycroscopique. Si cela est, n'était-ce
pas une raison pour bien espérer de la mesure? On
a dit que la guerre de la sécession d'une part, que
la difficulté des temps d'autre part, oui, on a dit
avec vérité que les guerres d'Amérique, que nos
guerres européennes, que nos propres divisions, que
les mauvaises années, que la disette des récoltes,
avaient en plus ou en moins paralysé le commerce
et l'industrie. On a dit... Mais quoi qu'on ait dit,
et quoi qu'il en soit, il y a souffrance. Eh bien! je
voudrais que l'Etat, en souffrance lui-même sous
le rapport des finances (il ne peut rien sans nous,
mais, nous avons l'esprit de famille; avec nous,
j'allais dire, il peut tout ; avec nous, il le peut), je
voudrais, dis-je, que l'Etat vînt en aide à ces souffrances ; je n'appellerais pas cela gaspillage : les
dépenses de la France sont une semence confiée à la
terre, et cette semence produit au centuple. Mais,
j'ai *hâte* de le dire, notre traité de commerce est
perfectible : par lui on peut satisfaire, et bientôt, espérons-le, oui, bientôt par lui on satisfera à
de justes et légitimes réclamations.

L'instruction ?...

Que n'en a-t-on pas dit? Mais elle n'en tombe pas moins chaque jour, comme une bienfaisante rosée. Pour ces trop nombreux et trop malheureux ignorants ! l'instruction (l'instruction strictement nécessaire), mais c'est la manne du désert ! Aussi, ces pauvres affamés n'ont pas assez de bénédictions pour bénir et *Celui* et *Ceux* qui la leur envoient, et Ceux qui la leur dispensent.

L'enseignement des filles !

Ah ! de grâce, ne troublons point trop des consciences droites et délicates. Ne craignons pas nous-mêmes : le *bien* ici n'est pas contagieux, car il est petit le nombre de *celles* qui sont appelées à une instruction un peu supérieure : pour elles, les cours que l'on fait en leur faveur sont bien précieux. Elles y vont, avec la conscience du devoir, chercher, les unes ces connaissances qui les mettent à même de remplir le plus utilement et le plus avantageusement possible une noble et pénible carrière ; les autres, et *toutes*, y vont chercher ces mêmes connaissances solides qui bannissent le goût des études et des lectures vaines et frivoles. Qui pourrait suspecter le bienfait ?

Si, par hasard, il venait à sortir de ces écoles un prodige, une auteur peut-être ; par le fait, j'ai dit le mot, une femme savante ! Le but serait dépassé, mais le mal ne serait pas grand. Suivant le pieux et savant évêque de Cambrai, le devoir et la piété, chez la femme, peuvent s'allier parfaitement avec la science; et ne disons plus, une femme savante; mais une femme instruite, une femme d'instruction peut remplir une noble et salutaire mission... Que d'exemples viennent heureusement confirmer cette vérité!

L'instruction! Non, depuis que la France est France, jamais on ne l'a vue se généraliser comme elle est généralisée de nos jours. On dirait une mère vigilante et dévouée, qui couvre tous ses enfants de ses maternelles et égales sollicitudes. Et avec quelle sagesse, avec quelle délicatesse, se faisant *tout* à *tous*, elle sait donner, elle cherche du moins à donner à tous la nourriture qui leur convient! En même temps qu'ils grandissent en âge, elle veut qu'ils grandissent en science et en sagesse.

Oui, elle veut qu'ils grandissent en science et en *sagesse*. Ce que nous avons dit de l'instruction, il faut donc le dire de l'éducation. Et, s'il est vrai que l'instruction et l'éducation fassent les hommes, le jour n'est pas loin où les arts et les sciences, où le commerce et l'industrie viendront à l'envi couronner leur mère des plus belles couronnes...

Voilà pour l'instruction qui fait les hommes.

Mais l'homme, lui, il vit de son travail, l'artiste de son art, le savant de sa science, l'artisan de ses labeurs. La grande loi du travail, comment est-elle comprise sous l'empire du suffrage universel? Ce n'est pas assez préciser, car que de bouches voudraient économiser les deniers de l'Etat! J'aime, moi, un député, un mandataire de la nation, à l'esprit *sagement* sans doute, mais *largem nt* dépensier. Autrement, je ne le crois pas à sa place: il n'est point appelé à travailler au bien public; il ne peut que l'entraver. Je me trompe; il peut faire largement ses affaires, il peut faire du bruit, beaucoup de bruit, mais c'est tout.

Donc cette grande loi du travail, comment est-elle comprise par nos gouvernants et par ces mandataires dévoués qui jusqu'ici ont si bien su faire les affaires du pays? Elle est comprise comme la loi de la nécessité; elle est comprise comme la loi de l'existence, comme la loi de la moralité et du bien-être des familles; elle est comprise, enfin, comme la grande loi de la prospérité d'une nation.

La loi est ainsi comprise; mais comment est-elle pratiquée? Elle est pratiquée sur la plus large échelle possible, eu égard aux ressources de l'Etat. Ah! ne craignez pas que je crie contre les impôts, si l'honneur, si une généreuse magnanimité, si des intérêts généraux les mettent un peu en hausse passagère. Nous avons eu occasion de le dire, sous un sage gouvernement, les impôts, c'est la semence confiée à la terre et qui produit au centuple; les impôts, ce sont les eaux de la mer qui se convertissent en pluies bienfaisantes et vont porter partout la fécondité et l'abondance.

Pour parler sans figure : sous un gouvernement personnel (je tiens à laisser à l'expression tout son faux éclat et tout son faux piquant ; on me permettra seulement d'ajouter un léger complément) ; sous un gouvernement personnel tel que nous l'avons, où le Prince et nos hauts mandataires, ces autres nous-mêmes, où nos gouvernants se dépensent tout entiers dans l'intérêt du pays, les impôts, c'est le nerf des affaires, partant, c'est un des premiers principes de la vitalité d'une nation. Sous un gouvernement personnel tel que nous l'avons, où le Prince et nos hauts mandataires, ces autres nous-mêmes, travaillent dans l'intérêt de tous, mais surtout dans l'intérêt de ceux dont la position sociale doit attirer spécialement leur constante et perpétuelle sollicitude, sous un tel gouvernement, les impôts, c'est la source principale du bien-être des familles ; j'ose le dire : c'est la condition *sine quâ non* sinon de l'existence même, du moins de l'honorabilité de l'existence du plus grand nombre des sujets. En voulons nous la preuve ? Nous n'avons qu'à finir notre histoire.

On a dit du roi renversé par notre dernière révolution : « *C'était le roi de l'ouvrier.* »

Quelle louange le travail ne décernera-t-il donc pas à un prince qui en faveur du travail ne s'arrête que devant l'impossible? Travailleur entre tous, il n'est pas seulement le roi, mais il est le père des travailleurs. On dirait mieux : il veut être le père, et il se montre véritablement comme le père de la grande famille laborieuse.

Là où le travail ne suffit pas, faute de bras ; là où la souffrance et la misère sont mises hors de cette loi bénie et fructueuse du travail, là, il prodigue, dans la mesure du possible, les secours de la plus généreuse sollicitude. Comptez, si vous le pouvez, les institutions créées par son impériale initiative en faveur des classes ouvrières, en faveur de l'humanité indigente et souffrante. Depuis l'enfant au berceau, jusqu'au vieillard qui s'incline vers la tombe, combien de voix s'élèvent chaque jour vers le ciel, et appellent chaque jour les plus abondantes bénédictions et sur le Père de la grande famille, et sur son Auguste Compagne, l'ange visible de la charité, la consolatrice des affligés, elle aussi la haute et visible seconde providence des pauvres !

Ah ! qu'il est à bonne école, l'enfant béni sur qui reposent les espérances de la France ! Autre Joseph, il a vu naguère malheureusement un trop grand nombre de ses frères dans la souffrance ; il ne leur a pas parlé de rêves de gloire, mais il leur a montré que tout son bonheur était de vivre pour eux et que toute sa gloire sera de vivre pour son peuple. Oui, avec quel bonheur, il vient de donner son nom à cet asile du jeune âge destiné à rendre ou à procurer la santé à tant de ces pauvres malheureux enfants, qui végètent, et qui, faute d'un confortable nécessaire, se meurent en quelque sorte sur le seuil même de la vie !

Cet asile a été élevé sous ses auspices ; on peut le dire, c'est son institution à *Lui ;* et combien d'autres œuvres placées sous sa haute protection !

Une grande âme et un noble cœur, c'est chez notre jeune souverain un don héréditaire ; mais, quel ne sera pas un jour cet enfant, si grand déjà en science et en sagesse, si grand surtout par ses progrès à la haute école de l'humanité ? Heureuse la nation à qui il est donné des princes si suivant le cœur de Dieu !...

Prince aimable, le suffrage universel peut avoir ses orages et ses surprises ; mais oui, il est bien *vite* revenu de ses aberrations. Il vient de passer par le creuset, il n'en est sorti que plus consciencieux , et partant plus pur et plus fort. Comme votre Auguste Père, vous pouvez compter que depuis le plus humble de vos sujets, jusqu'à nos plus hauts mandataires, vous aurez en nous des sujets et des serviteurs fidèles et dévoués, fidèles et dévoués jusqu'à la mort.

Chers électeurs, amis lecteurs, je sens toute mon indignité, et je suis honteux et confus d'être ici l'interprète de vos sentiments ; mais ces sentiments débordent de votre cœur ; il fallait les exprimer, d'autant qu'ils font tomber toutes les attaques, et qu'ils relèvent le suffrage universel à ses propres yeux. En les exprimant, j'ai donc cédé à vos vœux, et je n'ai fait qu'obéir à une heureuse nécessité.

Nous avons esquissé bien rapidement et à grands traits, c'est-à-dire d'une manière bien incomplète, ce que j'appellerai nos affaires, ou nos institutions civiles. Un mot seulement de nos institutions militaires.

Deux ans de moins sous les drapeaux... Que de bras rendus à l'agriculture, à l'industrie, au commerce ! Qu'on ne dise pas : deux ans de moins sous les drapeaux ; mais deux ans de plus dans les foyers ! Le soldat à la maison ne quitte ses foyers que pour défendre la patrie menacée.

Donc, deux ans de moins sous les drapeaux ! et qui peut nous dire toutes les améliorations et toutes les perfections que comportent nos institutions militaires, au point de vue des intérêts généraux, au point de vue même de la paix, et d'une paix universelle ?

Mais ces dépenses formidables qu'ont nécessitées nos armements ?

Certains ont appelé ces dépenses du nom de *gaspillage*. Nous dirons, nous : « Ces dépenses sont une plaie, c'est vrai ; elles ont mis l'Etat en souffrance sous le rapport des finances, c'est vrai encore ; » mais là n'est pas la question. La question est de savoir si ces dépenses étaient motivées... Or, elles étaient si motivées, qu'il y allait de l'honneur, de la sécurité et de la grandeur de la France. — C'est donc le cas de dire : heureuses dépenses, sages dépenses ! Nous n'avons pas acheté la paix à prix d'argent. Et si plaie il y a, chez une nation qui a véritablement à cœur ses affaires, plaie d'argent n'est pas mortelle pour l'Etat. Le souverain peut compter sur une nation qui peut elle-même se reposer en toute sécurité sur son souverain et sur son sage gouvernement. Du reste, nos armements, comme toutes nos affaires, soit intérieures, soit extérieures, nos armements, dis-je, sont pour ainsi dire l'œuvre collective et du souverain et du pays ; ils sont l'œuvre du suffrage universel. *Cela est si vrai !* la majorité de nos chambres (de nos grandes assemblées) n'a-t-elle pas toujours été jusqu'ici comme l'expression de la majorité du pays ? Nous étions faibles, relativement faibles ; et par nos armements nous sommes forts, relativement forts. Suivant l'axiome connu, nous avons voulu la paix, et voilà pourquoi nous avons préparé la guerre ; ou plutôt, nous avons voulu la paix, et voilà pourquoi nous avons pourvu à notre sûreté !

Nos institutions militaires et nos armements ont

fait dire que nous avions la paix armée. Espérons-le, l'orage est passé, et il est passé pour longtemps. Mais, au fort de la tempête (de nos divisions), si nous n'avions pas eu ce que l'on qualifie de paix armée, ajoutons toujours : si nous n'avions pas eu le suffrage universel, fort jusque dans la division et ses aberrations mêmes ; si nous n'avions pas eu la paix armée et le suffrage, nous l'avons dit, il y a longtemps que nous serions dans les horreurs de la guerre civile, il y a longtemps que nous serions en pleine extermination, et désarmés, ce que la cruelle doctrine elle-même et *surtout* ne souffre pas. Nous avons la paix armée ! Mais, la paix armée, n'est-ce pas le triomphe pacifique des nobles passions sur les passions mauvaises ? Nous avons la paix armée ! Veut-on dire par là que nos institutions militaires sont une menace, et comme une pomme de discorde ? Nos institutions militaires sont un porte-respect pour la France, et partant un gage de paix et de sécurité.

Mais l'empire, c'est la paix. Elles ne sauraient donc être une menace et elles ne sauraient porter ombrage à personne. Oui, l'empire c'est la paix ; non point la paix à tout prix, mais la paix commandée par l'honneur et la justice. Comment des peuples pourraient-ils s'ombrager d'un peuple qui par sa devise reconnaît avant tout que toute puissance vient de Dieu ? Comment pourraient-ils s'ombrager d'un peuple qui n'a rien tant à cœur que de respecter et de sauvegarder le droit des gens?... La France, avons-nous dit, est la nation à bon appui, et à bon conseil. On le sait, elle a fait ses preuves. Non, pour être forte, elle ne laissera pas d'être une sœur bénie et chérie par la grande famille des peuples !

La perfection absolue n'est pas de ce monde ; elle n'est donc pas du domaine des institutions humaines ; mais, témoin notre histoire, notre édifice social n'est-il pas véritablement digne de la grande nation ? Que le plan en est grandiose et que les parties en sont bien conçues et bien ordonnées ! Par son plan, l'édifice comporte tous les compléments, et il appelle toutes les améliorations nécessaires ; par ses parties, il est susceptible de recevoir toutes les perfections possibles.

Encore une fois, honneur, louange, reconnaissance à l'homme de notre cœur et à ses fidèles ministres ! Honneur, louange, reconnaissance à ces amis et à ces serviteurs dévoués que nous avons donnés au Prince juste et bon que Dieu lui-même nous a donné, dans sa haute providence!... Oh ! oui, ils ont bien mérité de Dieu et des hommes ; ils ont bien mérité de la patrie !...

Pour élever notre édifice social contre ces obstacles sans nombre, et dans ce milieu de circonstances difficiles comme il n'en fut jamais, il a fallu dix-sept ans de labeurs, et toute la force du suffrage universel ; et une doctrine qui ne supporte pas même le jour, viendrait briser ce puissant levier ! Non, non ! chers électeurs, nous l'avons promis à la patrie, nous resterons unis d'esprit, de cœur et d'action.

On peut dire que toutes les voies sont préparées. Nous y entrerons, et nous y marcherons courageusement, fût-ce au prix des plus héroïques sacrifices.

Ces sacrifices, c'est la loi des membres, c'est la loi qui régit les grandes familles qui nous les imposeront, s'ils sont nécessaires. Nous savons que ces sacrifices seront récompensés par une prospérité jusqu'ici inconnue. Ce n'est pas que nous ayons à nous promettre je ne sais quelle félicité imaginaire, pure utopie, ou aberration du bon sens ; mais, ce sur quoi nous pouvons compter, c'est sur une paix solide et durable ; ce sur quoi nous pouvons compter, c'est, dans la paix et par la paix, sur cet ensemble de biens qui constituent véritablement la grandeur, et qui font véritablement la prospérité et le véritable bonheur des nations. Oui, si nous sommes unis de cette union qui impose la loi des membres, la religion sera triomphante, la France grandira par l'instruction, les familles prospéreront par le travail ; il n'y aura pas une souffrance, pas une misère, qui ne soit soulagée et consolée ; et, nous l'avons dit, bientôt on verra les arts et les sciences, le commerce et l'industrie venir à l'envi couronner leur mère des plus belles couronnes... C'est là, on peut dire, le parfait idéal ; c'est là le couronnement de l'édifice social.

Français, que mettrons-nous au fronton de l'édifice? Nous représenterons, nous symboliserons la patrie fidèle à Dieu et à son Prince; et nous inscrirons ces mots célèbres : Liberté, égalité, fraternité. Liberté... nous aurons toute la somme possible de la bonne, de la sage, de la vraie liberté. La liberté de nuire, fi ! de cette liberté! Elle est interdite à ceux-mêmes qui sont ensevelis dans les ombres de la mort. Ne point faire aux autres ce que l'on ne voudrait pas qui nous fût fait à nous-mêmes. Voilà le premier pas dans la voie de la véritable liberté. En agir à l'égard du prochain comme on voudrait raisonnablement qu'on agît à notre égard, voilà la vraie liberté dans son entier épanouissement. Voilà quelle sera notre liberté. *Elle* sera proverbiale et on l'appellera la liberté du XIXe siècle. Egalité! Nous *aurons* l'égalité. Tous les membres du corps ne nous sont-ils pas également chers?... Tous les membres de la famille ne sont-ils pas également chers à la famille? Fraternité ! Là où règne l'esprit de famille, la fraternité est véritable et effective.

Donc, amis lecteurs, et très-chers électeurs,

n'oublions pas la morale de la doctrine, ou la morale de la fable, à savoir : que pour faire les affaires de la France, il faut au pouvoir et au pays des serviteurs et des amis fidèles et dévoués. Il y a plus, la morale le suppose, et nous l'avons vu, pour bien faire les affaires de la France, pour bien faire les affaires d'une nation, il faut l'union et le concours soutenu des esprits, des cœurs et des volontés...

Besançon, imp. de J. Roblot.